This Book Belongs to:

\- - - - - - - - - - - - - - -

\- - - - - - - - - - - - - - -

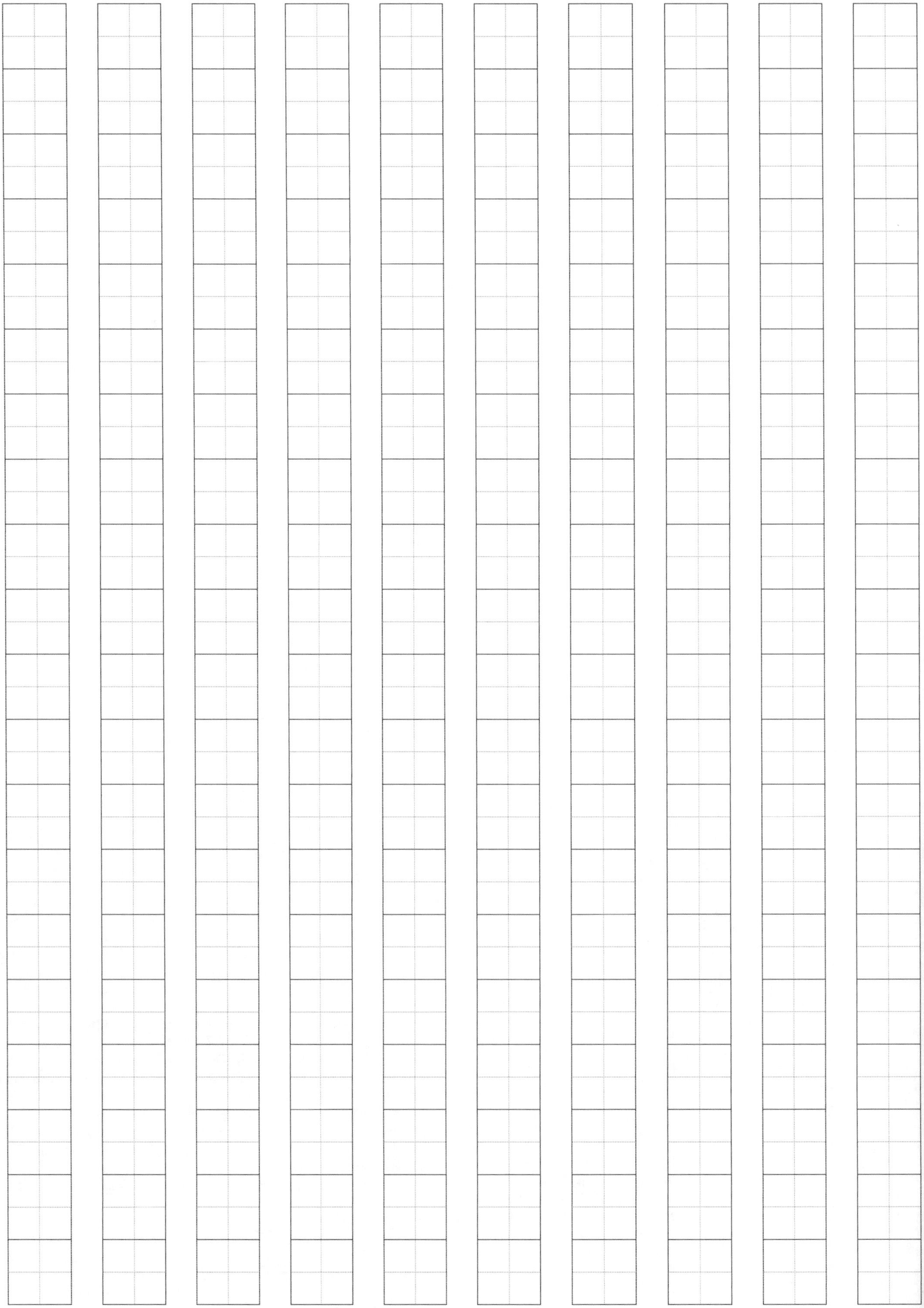

Made in United States
Troutdale, OR
11/23/2024

25193790R00075